# Der kleine Judoka

André Hürlimann

# Impressum

Bibliografische Information der Deutschen Nationalbibliothek:
Die Deutsche Nationalbibliothek verzeichnet diese Publikation in der Deutschen Nationalbibliografie; detaillierte bibliografische Daten sind im Internet über http://dnb.dnb.de abrufbar.

© 2020, André Hürlimann

Titelbild: Petra Hürlimann

Herstellung und Verlag: BoD – Books on Demand, Norderstedt

ISBN 978-3-7392-4550-8

# 1

«Peter, stell den Fernseher aus, wir gehen ins Training!», ruft die Mama. Peter ist ein Zweitklässler mit blonden Haaren, grossen blauen Augen und ist, zumindest aus seiner Sicht, schon recht gross und kräftig für sein Alter. In der Regel verbringt er seinen Nachmittag nach der Schule gerne beim Basteln oder Zeichnen, meistens trifft er sich jedoch mit seinen Freunden um draussen zu spielen.

Heute steht aber einmal etwas anderes auf dem Programm: Er hat seiner Mama versprochen, etwas Neues auszuprobieren, einen ihm unbekannten Sport. Dieser Sport heisst Judo und hat irgendetwas mit Kämpfen und weissen Pyjamas zu tun. Viel mehr weiss Peter noch nicht darüber, aber seine Mutter hat ihn zu einer Probelektion angemeldet, damit er seinen Horizont erweitert. So nennt sie das zumindest.

«Ja-aaa, ich komme!», ruft Peter zurück. Er springt vom Sofa, schnappt die bereits von der Mutter gepackte Trainingstasche und macht sich gemeinsam mit ihr auf den Weg. Ein bisschen nervös ist er ja eigentlich schon, wenn er ehrlich ist. Er hat noch keine Ahnung was ihn da erwartet, wie wohl die anderen

Kinder in der Gruppe sind? Bisher hat Peter noch keinen Sport so richtig gelernt. Natürlich hat er mit den anderen Kindern draussen Bälle gekickt, ging Radfahren oder spielte Badminton mit seinem Vater. Aber das war alles ohne das vorher so richtig zu lernen, man hat halt einfach gespielt. Dass Sport gelernt werden kann, so wie in der Schule das Schreiben, hatte ihm davor noch nie jemand gesagt. Er ist gespannt wie so ein Judo-Unterricht aussehen mag.

Der Trainingsraum ist nur ein paar Strassen weit entfernt. Zehn Minuten zu Fuss reichen aus, um hin zu kommen. Darüber, dass die Mama ihn begleitet, ist Peter trotz dem kurzen Weg froh, schliesslich kennt er ja noch niemanden.

Bereits vor dem Trainingsraum sehen sie ein paar andere Kinder, die offensichtlich das gleiche Ziel haben, und folgen ihnen. Sie laufen alle schnurstracks durch die Tür hinein und verschwinden anschliessend direkt in einen Nebenraum, während Peter und seine Mutter in der offenen Tür stehen bleiben und warten, bis jemand auf sie aufmerksam wird. Im Eingangsbereich ist nicht viel Spannendes zu sehen. Ein Tresen, auf dem ein paar Ordner stehen, daneben eine Kaffeemaschine, die so aussieht, als wäre sie seit 100 Jahren nicht mehr gebraucht worden, davor ein Tisch mit Stühlen, an dem bereits ein paar Eltern sitzen und sich unterhalten. Dahinter aber scheint der eigentliche Trainingsort zu sein. Eine riesige Fläche, die offensichtlich mit Matten ausgelegt ist. „Hoffentlich ist das Training nicht allzu hart. Wenn da überall Matten liegen, muss es wohl gefährlich sein. Ansonsten müsste man doch nicht den ganzen Boden so weich abdecken", überlegt sich Peter. „Die Turnhalle in der Schule benötigt jedenfalls keine Matten, die immer am Boden liegen, und dort geht es manchmal auch schon ziemlich rau zu und her."

«Hallo», spricht ihn plötzlich ein gross gewachsener Mann an, der soeben aus einer eigenen Umkleidekabine gekommen ist und direkt auf sie zusteuert. Er trägt ein weisses Gewand, welches mit einem braunen Gürtel zusammengebunden ist. Er scheint so zirka 20 oder vielleicht auch 60 Jahre alt zu sein. Peter hat es nicht so mit dem Schätzen vom Alter der Erwachsenen. Seine Eltern sind 40 und 41 Jahre alt, das weiss er. Aber dieses Wissen hilft ihm leider auch nicht viel weiter, wenn es um das Einschätzen von anderen Erwachsenen geht. «Du bist sicher Peter? Ich bin Reto, Dein Trainer. Du darfst Dich gerne dort bei den anderen Kids umziehen gehen», fährt er fort. Und an die Mutter gewandt: «Ich bin Reto, wir sind hier alle per Du». «Freut mich, ich bin Charlotte», antwortet sie.

Während die beiden sich weiter unterhalten, geht Peter, wie ihm aufgetragen wurde, gleich in die Umkleidekabine. Er öffnet die Trainingstasche - und erschrickt: Die Mama hat ein T-Shirt und Trainingshosen in die Trainingstasche gepackt, ein paar Badeschlappen sind auch noch drin und ein Frottiertuch. Aber wo sind die Schuhe? Und Badeschlappen? Er geht ja nicht zum Schwimmen! Peter bekommt einen schamroten Kopf. Er kann doch nicht in Badeschlappen Sport machen, da werden die andern ihn sicher auslachen. Schnell schliesst er die Tasche wieder und will bereits die Umkleidekabine verlassen, als ihm zwei etwa gleichaltrige Jungs entgegen kommen. «Hey, da ist ja ein Neuer. Ich bin Pädi, das ist Leonard», sagt der eine. Pädi hat rotes kurzes Haar und Sommersprossen, Leonard braune Haare und beide haben ein verschmitztes Lachen. «Ich bin Peter, ich gehe aber gleich wieder, meine blöde Mama hat vergessen die Turnschuhe einzupacken», gibt Peter zur Antwort. «So blöd ist deine Mama gar nicht. Im Judo benötigst du keine Schuhe, es reicht, wenn du Finken bis zu den Tatami[1], so heissen die Matten, anhast. Das ist damit deine Füsse nicht schmutzig werden; vor allem falls du auch noch auf die Toilette musst wäre das barfuss ziemlich eklig. Auf den Matten aber sind wir barfuss», erklärt nun Leonard. «Viel scheint er ja noch nicht über Judo zu wissen,» bemerkt Leonard ein wenig spöttisch zu Pädi. «Wahrscheinlich hat er noch nie einen richtigen Judokampf im Fernsehen gesehen». «Du doch auch nicht», gibt Pädi zurück, «Als ob Judo im Fernsehen laufen würde, da läuft doch nur immer Fussball oder Tennis, aber das sind nur Kindersportarten, wir hier machen richtigen Sport,» blufft Pädi selbstsicher. In der Zwischenzeit ist Peter in die Trainingskleider geschlüpft. Pädi und Leonard zeigen Peter, wo er seine Füsse waschen kann. Peter macht es ihnen nach. Dann geht er zusammen mit seinen neuen Freunden zu den Matten. Die Verneigung, die die anderen beim Betreten der Matten machen, macht er einfach nach, ohne sich viel dabei zu denken.

Da sind noch sieben oder acht weitere Kinder, alle etwa im gleichen Alter. Peter kennt aber keines der Kinder. Die gehen wohl alle in eine

---

[1] Am Ende im Büchlein ist ein kleines Wörterbuch abgedruckt

andere Schule, denkt er bei sich. Interessant findet er, dass sie alle die gleichen weissen Gewänder tragen, nur die Gürtel haben verschiedene Farben. Was das wohl bedeutet? «Hey Pädi, was bedeuten denn diese Farben der Gürtel? Ich möchte einen gelben wie du hast, das ist meine Lieblingsfarbe!» «Die kannst du nicht einfach so wählen, die musst du dir mit einer Prüfung verdienen. Zuerst kommt weiss, dann halbgelb, gelb, halborange, orange, halbgrün, grün, blau, braun und dann kommen noch zehn schwarze Gürtel.», antwortet Pädi. «Und wenn du den 10. Schwarzen hast, bist du wahrscheinlich schon 90», ergänzt ein Mädchen, welches einen weissen Gurt mit orangem Streifen umgebunden hat. Vermutlich ist das ein halboranger Gurt, vermutet Peter. «90? So alt ist meine Uroma. Die macht aber kein Judo. Die kann eigentlich sowieso kaum noch laufen. Mit 90 sollte man doch überhaupt keinen Sport mehr machen, da reicht es völlig, den Urenkeln beim Spielen zuzuschauen», antwortet Peter. «Da hast du vielleicht recht, ich bin übrigens Anna, und Reto, den du schon kennengelernt hast, ist mein Vater». In dem Augenblick kommt Reto auf die Matten. «Ich muss euch korrigieren. Man ist nie zu alt um sich zu bewegen. Im

Gegenteil, Bewegung wird im Alter immer wichtiger, sonst wird man immer schwächer.» Das leuchtet allen ein. Schliesslich wurden sie alle immer besser je länger sie schwimmen übten im Sommer. Ein Jahr später dauerte es aber wieder einige Zeit, bis sie wieder auf dem Vorjahresniveau waren. Wahrscheinlich konnte seine Urgrossmutter so schlecht laufen, weil sie es zu wenig übt, dachte nun Peter.

Reto stellte sich jetzt an die eine Seite der Mattenfläche, und wie auf Kommando laufen, hüpfen und kriechen die Kinder sofort herbei und stellen sich in einer Reihe gegenüber von ihrem Trainer auf. Peter bemerkt, dass die Matten zwei Farben haben, in der Mitte ist ein rotes Quadrat und aussen herum liegen grüne Matten. «Wieso haben nicht alle Matten die gleiche Farbe?», ruft Peter. Reto antwortet: «Die roten Matten markieren das Kampffeld. Die Farben sollen an die Japanische Flagge erinnern, das Rote in der Mitte stellt den harten Kern, die Stärke des Landes dar, das Äussere, grüne, sollte eigentlich weiss sein. Weisse Matten gibt es aber nicht. Dies zeigt die Weichheit, das Nachgiebige, das Sanfte. Beides sind Elemente vom Judo.» «Wieso denn Japan? Das ist doch im Ausland, wie Deutschland oder Italien», plaudert Peter weiter. «Weil Judo aus Japan stammt, und das liegt noch ein Stück weiter weg als Deutschland. Aber jetzt fangen wir an mit dem Training». Damit beendet Reto das Gespräch und die Kinder werden ebenfalls ruhig.

Reto kniet sich hin. Die Kinder machen das gleiche und Peter macht es wiederum ihnen nach, ohne viel dabei zu denken. Dann sagt dasjenige Kind, welches am anderen Ende der Reihe kniet, ein komisches Wort, «Mokuso» oder so ähnlich. Sofort sitzen alle ganz still und Peter sieht, dass Reto die Augen schliesst. Ob er das auch machen muss? Kurz darauf sagt dasselbe Kind laut „Yame", Peter öffnet die Augen und sieht, dass Reto die Augen auch wieder offen hat. Das hat er also vermutlich richtig gemacht. Und schon gibt das andere Kind wieder einen Befehl, worauf sich all miteinander verneigen. Dann endlich stehen alle wieder auf. Peter ist froh, denn seine Beine fühlen sich schon richtig taub an.

Und jetzt geht es los: Das Aufwärmen besteht aus ein paar Kampfspielen und Vorübungen, die vermutlich einen Sinn haben, den Peter so auf Anhieb noch nicht versteht. Aber er merkt schnell, dass es ganz schön intensiv ist. Er muss viel zuhören und zusehen und alles genau nachmachen. Nachdem er mit einem

Kameraden ein paar Mal einen Wurf geübt hat, der „Tamagotchi" oder so ähnlich hiess, ging es mit Übungskämpfen los. Den ersten muss er gleich gegen Anna bestreiten. Gegen ein Mädchen! Und als ob das nicht schon genug gewesen wäre, fällt er auch noch die ganze Zeit auf ihre Tricks herein und landet ständig am Boden. Wieder wird Peter rot im Gesicht, wie bereits in der Umkleidekabine. Es kommt ihm so vor, als ob er sich hier ständig schämen müsste. Er fühlt sich irgendwie unsicher. Wieso, weiss er eigentlich auch nicht. Zu seinem Erstaunen lachen die anderen Kinder aber gar nicht, weil er gegen ein Mädchen verloren hat. Eigentlich nimmt gar niemand Notiz davon. Beim zweiten Kampf erwischt Peter den kleinsten Kerl, den er finden kann. Vermutlich ist der noch ein, zwei Jahre jünger als er. Den bringt er zwar nicht ohne Probleme, aber doch irgendwie zu Boden. «Schöner O-Soto-Gari», sagt Reto. Bestärkt durch dieses Lob, wirft er den Kleinen gleich noch zwei weitere Male. Aber anstatt noch mehr gelobt zu werden, wird er nun von Reto zurechtgewiesen: «Stopp! Im Judo geht es nicht nur darum, den andern zu werfen, sondern gemeinsam etwas zu lernen. Wir lassen auch immer all unseren Trainingspartnern eine Chance». «Ich möchte aber gewinnen!», antwortet Peter aufmüpfig. Reto geht nicht weiter darauf ein. Noch zwei weitere Übungskämpfe, die Reto Randori nennt, und schon ist das Training vorbei. Müde, aber vor allem auch begeistert vom Training, stellt sich Peter mit den anderen in die Reihe und kniet nieder. «Ich möchte euch noch eine kleine Geschichte erzählen», sagt Reto und nach einer kurzen Pause beginnt er:

«Ich habe euch schon ein paar Mal von Haruki erzählt, dem Jungen, der in Japan bei einem strengen Meister Judo lernt. Haruki hatte bereits einige Würfe gelernt, als er in einem Training auf Riku traf. Riku war gleich lange wie Haruki dabei, hatte aber aufgrund seiner Grösse und Kraft einige Vorteile gegenüber den andern. Bisher ging Haruki ihm deshalb aus dem Weg. Haruki wurde von Riku in alle Richtungen geworfen und hatte mit seinen Tricks keine Chance. Nach dem Training sass Haruki weinend am Mattenrand. Hatte er doch gemeint, dass er ein guter Judoka sei, wurde ihm heute aber das Gegenteil bewiesen. Harukis Trainer Hideichi kam zu Haruki und fragte, was ihn denn bedrücke. Haruki klagte dem Trainer sein Leid. Dieser wurde daraufhin zornig und gab Haruki zu verstehen, dass nur ein sehr eingebildeter Junge das Gefühl haben kann, besser als alle anderen zu sein. ‚Es gibt immer andere Kinder die in diesem Moment gerade besser sind. Es geht im Leben aber nicht darum, besser zu sein als die andern, sondern darum, besser zu sein als man selber am Vortag war.' Haruki verstand, dass er überheblich gewesen war und schämte sich. Hideichi ging aber auch zu Riku hin und sagte diesem, dass er auch von ihm enttäuscht sei. Solange er nur immer mit Kraft gewinne, werde er nicht besser und am Ende gegen die technisch besseren Kinder nur noch verlieren.»

Die Kinder hören gespannt der Erzählung von Reto zu, verstehen aber noch nicht, worauf er hinauswollte. Reto erzählt weiter: «Beide, Haruki und Riku, bekamen an diesem Tag eine Lektion erteilt. Haruki lernte, dass Judo nicht dazu da ist, besser zu sein als alle anderen, sondern eine Möglichkeit, um an seinem Charakter zu arbeiten. Riku erkannte, dass er immer Gegner finden kann, die ihm kräftemässig unterlegen sind, dass er aber nicht weiterkommt in seinem Judo, wenn er diese nur unterdrückt. Einer der Leitsätze im Judo heisst Jita Kyoei, das bedeutet auf Deutsch, dass man nur weiterkommt, wenn man zusammenarbeitet. Der zweite Leitsatz ist Seiryoku Zenyo, was so viel bedeutet wie, dass wir nur die nötige Kraft aufwenden im

Kampf und auch die Kraft des Partners zu unserem Vorteil ausnutzen.»

Daraufhin gibt das andere Kind wieder den Befehl „Mokuso", worauf alle die Augen schliessen. Auch Peter macht es jetzt so. Nach dem „Yame"-Befehl öffnet er sie wieder und alle verneigen sich zueinander, stehen wieder auf und verabschieden sich.

# 2

Nach dem Umziehen läuft Peter zu seiner Mama hin, die das ganze Training beobachtet hat. «Mama, Mama, ich bin jetzt ein Judoka, können wir morgen wieder ins Training?», stürmt er. «Nein, morgen nicht, aber nächste Woche gehen wir wieder. Es hat dir wohl Spass gemacht?», bemerkt Mama lachend, «Ja, sehr!» «Schön, dann bedanke dich bei Reto und verabschiede dich». Peter macht was ihm seine Mutter aufgetragen hat und die beiden spazieren wieder nach Hause.

Am Abend im Bett denkt Peter noch lange über das Training nach. Die Techniken, die anderen Kinder und vor allem auch die Geschichte von Haruki haben ihn beeindruckt. Gerne möchte er sofort noch mehr erfahren. Er wartet, bis die Eltern zu Bett gegangen sind. Dann steht er leise auf und geht zum Computer, der in Mamas Büro steht und den er manchmal benutzen darf. Dort sucht er im Internet nach weiteren Informationen zum Judo, zu Reto und diesem Haruki aus der Geschichte.

Über Haruki findet er nichts, zum Judo gibt es 132000000 Suchergebnisse. Eine Zahl mit so vielen Nullen, da weiss man ja gar nicht, wo anfangen. Aber zu Reto findet er nur zwei

Einträge. Einen von seiner Firma, wo er scheinbar irgendwo in einem Büro arbeitet. Offenbar ist er dort eine treue Hand oder so etwas. Peter versteht das nicht so richtig. Spannender ist hingegen die andere Internetseite. Es ist die von seinem Judo-Verein. Da zeigt sich, dass Reto sogar schon einmal Schweizermeister war und auch sonst noch einige Titel für den Verein erkämpft hat. Das ist aber schon einige Jahre her. Und nicht nur das: Reto ist auch im Vorstand des Vereins. Und neben ihm gibt es noch einige andere Trainer und Trainerinnen. Eigentlich ist Reto mit seinem braunen Gurt sogar noch derjenige mit dem tiefsten Gurt, da sind nämlich noch mindestens sieben Männer und zwei Frauen, die einen schwarzen Gurt haben. Das scheint ja ein unglaublich guter Verein zu sein, in dem Peter trainieren darf. Aber dass Reto nicht der Beste im Verein ist, enttäuscht ihn ein wenig. Peter möchte doch eigentlich bei den Besten trainieren.

Zuerst muss er jetzt aber wohl doch noch schlafen gehen. Er schaltet den Computer wieder aus, schleicht zurück in sein Zimmer und kriecht ins Bett unter die Decke.

# 3

Die Woche verfliegt, ohne dass Peter noch viel ans Judo denkt. Aber als es dann Freitag ist und ihn am Abend sein zweites Training erwartet, freut er sich riesig darauf. Inzwischen hat ihm sein Papa einen richtigen Trainingsanzug besorgt, einen Judogi mit einem weissen Gurt. Der hat vorher einem anderen Jungen aus der Nachbarschaft gehört, der aber mit dem Judo wieder aufgehört hat. Voller Stolz nimmt er diesen Judogi dann in der Umkleidekabine aus der Tasche. Die anderen Kinder gratulieren Peter. Mit dem Gi ist er nun einer von ihnen und quasi offiziell in der Gruppe aufgenommen. Auf den Matten angekommen, sieht er dann auch noch die Mädchen, Anna und ein paar andere. Dieses Mal sind es noch mehr Kinder als beim letzten Mal, die mittrainieren.

Auf dem Trainingsprogramm stehen heute Bodentechniken und am Ende wieder einige Übungskämpfe, bei denen er sich Mühe gibt, nicht überheblich zu sein und niemanden nur mit Kraft zu werfen, nicht dass er am Ende wie Riku würde. Überrascht stellt Peter für sich fest, dass er sich in dieser Gruppe schon richtig wohl fühlt. Mit allen kommt er sehr gut aus und er merkt, dass es sogar lustig sein kann, mit den Mädchen zu üben.

Am Ende des Trainings knien sie wieder hin und Reto beginnt zu erzählen: «Heute möchte ich Euch wieder von Haruki erzählen.

Haruki besuchte, wie jeden Abend, das Judotraining. Eigentlich hatte er heute gar keine Lust dazu. Nachdem den ganzen Tag hindurch alles schief gelaufen war und er eine schlechte Note in der Schule erhalten hatte, wollte er so gar nicht ins Dojo fahren. Er hätte lieber im Wald gespielt. Aber sein Trainer Hideichi wollte, dass seine Judoka nie ein Training auslassen, und Haruki hielt sich pflichtbewusst daran. In der Umkleidekabine wurde er fröhlich von seinen Freunden begrüsst. Sie alle kannten sich inzwischen sehr gut, da sie sich so oft sahen. Es war ein eingespieltes Team. Auf den Matten wusste inzwischen jeder von jedem, wo dessen Stärken und Schwächen lagen. Jeder konnte die anderen bei ihren Techniken unterstützen. Haruki sah all seinen Freunden auf den ersten Blick an, ob es ihnen heute gut ging oder ob sie aufgemuntert werden sollten. Und seinen Trainingskameraden ging es umgekehrt mit ihm genauso. Das Training war gewohnt intensiv, Zeit zum Reden gab es im Training nicht. Nach dem Training war Zeit genug dafür, fand Hideichi. Trotzdem gab es auch in dem harten Training Situationen, in denen seine Gefährten ihm zeigten, dass sie bemerkten, wie es ihm ging. Sie unterstützten und motivierten ihn bei jeder Übung, so dass das Training im Nu vorbei war. Nach dem Training ging Haruki voller Freude zurück in die Umkleidekabine. Er hatte heute wieder viel erreicht. Er merkte, dass es ihm gutgetan hatte, ins Training zu kommen, auch wenn er vorher wenig Lust gehabt hatte.»

Reto machte eine kurze Pause um die Geschichte wirken zu lassen, und ergänzte dann: «Haruki hat nicht nur gemerkt, dass ihm selber Disziplin gut tut, sondern es geht noch etwas anderes aus seinem Erlebnis hervor. Judo ist nämlich ein Team-Sport. Viele meinen, wir seien nur einzelne Judoka, die für sich trainieren. Aber eigentlich sind wir wie eine Handballmannschaft ein Team, das zusammenwachsen muss. Erst, sobald jeder jeden in- und auswendig kennt, können wir einander optimal unterstützen. Ihr habt sicher Trainingskollegen, die ihr mehr oder weniger mögt, aber am Ende ist es wichtig, dass wir uns mit jedem anfreunden können, mit jedem zusammenarbeiten können, erst dann können wir alle voneinander optimal profitieren.»

Mit diesem Worten entlässt Reto die Kinderschar. Peter ist beeindruckt. Er hat das ganz falsch verstanden mit dem Judo, er hat gedacht, es gehe dabei nur um ihn und seinen eigenen Fortschritt. Aber dass er, wenn er regelmässig trainiert, den anderen hilft vorwärts zu kommen, ist ihm noch nicht bewusst gewesen. Jetzt erinnert er sich auch an den Leitsatz Seiryoku Zenyo vom letzten Mal, der eigentlich genau das beschreibt. „Das ist schon ein cooles System, in dem man so einfach durch seine Anwesenheit den anderen weiterhelfen kann", denkt er. „Ob das wohl auch für andere Bereiche gilt? In der Schule ist es vermutlich auch so. Wenn ich mit Freunden zusammen lerne oder Hausaufgaben erledige, helfen wir auch einander. Und eigentlich funktionieren auch die meisten Spiele besser, wenn mehr Kinder dabei sind. Und Mama ist auch froh, wenn sie Unterstützung von mir bekommt, wenn sie einkaufen geht oder wenn ich ihr in der Küche helfe." Offenbar lassen sich die Geschichten von Reto auch auf andere Bereiche anwenden...

# 4

So vergehen die Wochen mit der bekannten Routine aus Schule und Hausaufgaben und Spielen. Jeden Freitag wird diese Routine aber wieder durch die Trainings mit Reto und den Judo-Freunden unterbrochen. Woche für Woche kommen neue Techniken, spannende Trainingswettkämpfe und spannende Geschichten aus Japan dazu. Ganz unbemerkt macht Peter Fortschritte. Nicht nur, dass ihm immer mehr der Techniken gelingen, er hat auch an Kraft zugelegt. Und inzwischen versteht er sich mit allen seinen Sportpartnerinnen und -partnern prächtig. Als er nun von Reto erfährt, dass er auch am Mittwoch zusätzlich ins Training kommen dürfe, überredet er seine Mutter sehr rasch dazu, ihm dies zu erlauben.

Schon nächste Woche ist es soweit. Als er nun erstmals am Mittwoch das Dojo betritt, erschrickt er: Da steht eine Frau! Und die hat einen schwarzen Gurt um! Stimmt ja! Reto ist nur am Freitag Trainer. Peter ist enttäuscht. Er wollte doch vor allem auch wegen Retos Geschichten ins Training. Ob diese Frau Haruki auch kennt? Eigentlich möchte er gleich wieder hinaus. Und wenn die Frau nicht sofort gemerkt hätte, dass Peter das Weite sucht, wäre ihm das sicher auch gelungen. Aber sie kommt sofort direkt auf Peter zu. «Hallo, ich bin Agnes, und wer bist du?» «Pe… Peter», stottert er. «Bist du das erste Mal im Judo?», möchte Agnes gleich freundlich wissen. «Nein…», antwortet er scheu, «nein, ich bin sonst am Freitag dabei.» «Aah! Ein Schüler von Reto! Das ist sehr schön, ich freue mich immer, wenn Kinder in verschiedene Trainings kommen, die der Verein anbietet.» «Gibt es denn noch mehr als diese beiden?», fragt Peter. «Ja natürlich, du kannst jeden Tag ins Training gehen. Die Voraussetzung ist aber, dass du mindestens ein Training regelmässig besuchst und einen Haupttrainer hast. Und natürlich, dass du neben den vielen Trainings nicht in der Schule hinterherhinkst!», stellt Agnes gleich klar. Peters Mutter, die heute nochmals mitgekommen ist, nickt zustimmend. «Aber jetzt startest du heute erst einmal mit einem zusätzlichen Training, bevor du auch noch am Montag, Dienstag und Donnerstag mittrainierst», fügt Mama hinzu. «Okay. Du-u, Agnes? Wieso hat dein Schwarzer Gurt einen weissen Strich darauf?» will Peter wissen, der bereits nicht mehr so richtig zugehört hat und durch den ungewohnten Gurt abgelenkt wurde. «Das ist ein Damen-Gurt. Traditionell tragen die Frauen einen schwarzen Gurt mit einem weissen Strich. Ursprünglich war es nämlich im Judo nicht erlaubt, dass Männer mit Frauen trainieren, und da war es wichtig, dass immer ganz klar war, wer eine Frau und wer ein Mann ist. Heute ist dies zwar nicht mehr nötig, da alle mit allen trainieren, aber es ist immer noch eine schöne Tradition.»

Peter schlüpft, nachdem jetzt seine Fragen beantwortet sind, rasch in die Umkleidekabine, zieht sich um und begibt sich danach direkt auf die Matten. Ein paar der anwesenden Kinder hat er schon mal am Freitag kennengelernt, einige sind ihm aber noch unbekannt.

Agnes leitet ein ganz anderes Training als Reto. Sie beginnt mit einem Spiel, wie er es aus dem Turnunterricht kennt und nicht direkt mit technikspezifischen Vorübungen. Dies gibt ihm dann auch gleich die Gelegenheit, die anderen ein wenig besser kennen zu lernen.

Interessant ist, dass in dieser Gruppe einiges anders zu sein scheint. Kinder, die am Freitag eher vorlaut sind, sind es in dieser Gruppe überhaupt nicht. Dafür ist Max, ein Weissgurt, der eine Woche nach Peter mit dem Training begonnen hat und der bei Reto ein sanftes Lämmchen ist, bei Agnes das vorlauteste aller

Kinder. Peter ist noch nie aufgefallen, dass jedes Kind verschiedene Arten hat, sich zu benehmen, je nachdem, mit welchen anderen Kindern es gerade zusammen ist. „Mache ich das wohl auch?", überlegt er sich. „Hmmm... eigentlich bin ich in der Schule ja schon eher ruhig. Ausser, wenn ich mit Philipp oder David zusammen bin. Aber bei Reto, da traue ich mich schon eher, etwas zu sagen. Aber Reto ist ja auch schon fast ein Freund... und bei Agnes traue ich mich noch nicht so richtig."

«Peter?» Agnes lächelt Peter zu. Die anderen Kinder stehen bereits in einer Reihe, um Agnes beim Erklären einer Technik zu beobachten. Scheinbar hat Peter das Kommando «Mate» nicht gehört, so fest war er in Gedanken versunken. Sofort wird er wieder rot im Gesicht. Die anderen Kinder lachen. Peter hat sich blamiert und schämt sich, dass ihm so etwas gleich im ersten Training passiert. Eigentlich sollte er doch inzwischen wissen, dass man im Judo zuhört und auf das Kommando des Trainers sofort reagieren soll. Für Agnes scheint das aber kein Problem zu sein, sie schmunzelt ein bisschen und fährt mit der Erklärung der Technik fort.

# 5

Trotz dem Missgeschick mit dem nicht gehörten «Mate», hat Peter das Training sehr gefallen, und so besucht er ab jetzt zwei Mal pro Woche die Judo-Trainings. Dadurch wird er nun natürlich schnell besser. Es gelingen ihm immer mehr Techniken im Stand. Die Wurftechniken, die, wie er nun gelernt hat, auf Japanisch «Nage Waza» heissen, sind sowieso sein Steckenpferd. Hingegen die Techniken am Boden, die «Katame Waza», was scheinbar so viel wie Kontrolltechniken heisst, sind für ihn ein Rätsel. Am Boden dreht er sich in der Regel einfach auf den Bauch und sperrt so fest, dass weder er noch sein Partner eine Technik anwenden kann. Das ist seine ganze Taktik im Bodenkampf. Spass macht das ja eigentlich nicht. Es bewirkt aber, dass weder sein Partner noch er den Kampf am Boden verlieren wird. Bei Agnes darf er dies in den Randori, den Übungskämpfen auch so umsetzen. Sie sagt, dass es ausreiche, wenn man sich am Boden gut verteidige, solange man im Stand gewinnen könne.

Reto ist da allergisch drauf. Er möchte, dass seine Schüler im Stand und am Boden arbeiten. Es sei noch zu früh, um sich festzulegen, ob man am Boden oder im Stand besser sei, genauso wie es zu früh ist, sich auf linke oder rechte Techniken zu spezialisieren. Und grundsätzlich findet er, dass ein Judoka immer versuchen sollte, in allen Bereichen des Lebens das Beste aus sich herauszuholen. Und wenn man nun mal nicht gut am Boden sei, müsse man das halt mehr trainieren, so einfach sei das.

Es gibt also verschiedene Meinungen zum Judo; die Trainer scheinen sich nicht in allen Bereichen einig zu sein. Reto sagt, dass das gut sei so. Solange sich die Trainer einig seien, machten die Schüler nur, was diese ihnen sagen. Wenn sich die Trainer nicht ganz einig seien, müsse der Schüler sich eine eigene Meinung bilden und selber denken. Reto gefällt das, Peter hingegen weniger. Peter ist es lieber, wenn man ihm sagt, was richtig und falsch ist. So wie in der Schule: 2 mal 2 gleich 5; falsch! Eindeutige Aussagen. Aber scheinbar ist es im Leben nicht immer so eindeutig. Mit dem muss sich Peter erst einmal lernen abzufinden. Er macht sich Gedanken, wo es das überall sonst noch gibt, wo es nicht die eine Wahrheit gibt und wo eben doch. Peter stellt plötzlich fest, dass es Letzteres leider viel zu selten gibt. Ausser in der Mathematik findet er eigentlich keinen

Bereich, in dem es nur eine Lösung gibt. Im Deutsch vielleicht, bei den Diktaten, aber bereits bei den Aufsätzen ist es wieder sehr vom Lehrer abhängig, was gute Noten gibt und was nicht. Es bleibt wohl für das ganze Leben ein Problem, dass man immer wieder für sich entscheiden muss, was für einen korrekt ist und was nicht.

# 6

Dieses Thema beschäftigt Peter aber nur kurze Zeit. Bereits im nächsten Training bei Reto ist er in Gedanken wieder vollkommen beim Spielen und Techniken Üben. Einbeinige Wurftechniken werden heute geübt. Für Peter eine leichte Übung, Harai Goshi stellt für ihn keine besondere Herausforderung dar. Obwohl er selber eigentlich immer noch ein Anfänger ist, kann er den Wurf besser als manche, die schon lange dabei sind. So zum Beispiel Anna. Die kann ja kaum auf einem Bein stehen! Eine schreckliche Trainingspartnerin, wenn es um Harai Goshi geht und Peter muss ausgerechnet mit ihr zusammen üben. Obwohl Anna zieht wie ein Stier, steht Peter da wie ein Fels. Er hat keine Lust sich zu bewegen, wenn Anna den Wurf falsch macht. Eher im Gegenteil, hängt er sich fast in die Gegenrichtung, um zu zeigen wie schlecht es wirklich um die Technik von Anna steht. Und es kommt wie es kommen muss: Anna kommt beim Werfen aus dem Gleichgewicht und fällt natürlich so unglücklich auf Peter, dass er sich an der Schulter verletzt. «Aua! Scheisse, blöde Kuh!», schreit Peter. Die Schulter schmerzt und Tränen steigen in seine Augen. Kurze Zeit bleibt Peter am Boden liegen und Reto eilt herbei. Anna entschuldigt sich unzählige Male. Als ob das Peter gerade etwas nutzen würde, die Schulter macht genau gleich fest weh wie ohne das Gestammel von Anna. Reto untersucht kurz die Schulter. Es scheint alles okay zu sein, nichts ist kaputt gegangen beim Sturz. «Bitte verneigt euch vor einander und entschuldigt euch gegenseitig», meint Reto. «Was???», Peter ist entsetzt! Er soll sich auch entschuldigen? «Anna ist auf meine Schulter gefallen und nicht umgekehrt!», beschwert sich Peter energisch. «Ja, und das tut ihr sicherlich leid, wie sie bereits gesagt hat. Aber Peter, du hast zum einen das Wort Scheisse gesagt, was sich gar nicht gehört, und zum anderen hast du Anna wegen ihrer Ungeschicktheit eine blöde Kuh genannt, und so etwas akzeptiere ich nicht! Ich erwarte von meinen Schülern, dass sie sich unter Kontrolle haben», entgegnete Reto in harschem Tonfall. «Wir alle sind ein Team». Peter entschuldigt sich widerwillig, ohne aber einzusehen, wieso er das tun muss. Die Schulter macht immer noch weh und das tut sie bis zum Schluss des Trainings. Er meidet Anna und sie meidet ihn genauso.

Zuhause erzählt Peter die Geschichte seinem Vater. Dieser ist zuerst auch ein wenig überrascht über die Reaktion von Reto, nach kurzem Überlegen meint er aber: «Eigentlich hat er schon recht, Peter. Anna hat es nicht absichtlich gemacht und sonst magst du Anna ja auch. Die Beschimpfung gehört sich nicht und ich glaube auch, die Entschuldigung von dir war angebracht.» Zufrieden ist Peter damit noch nicht, scheinbar sind doch alle gegen ihn, man darf ja wohl noch sagen, wenn jemand sich dumm anstellt, und das war doch wirklich dumm von Anna. Reto nimmt sie doch nur in Schutz, weil sie seine Tochter ist.

Im nächsten Reto-Training ist Peter eher zurückhaltend. Ansonsten witzelt und quatscht er immer ein wenig vor dem Training mit Reto, heute vermeidet er den Kontakt. Nachtragend ist Peter sonst nicht, aber Gerechtigkeit allen gegenüber erwartet er. Und hier wird er nicht gleich behandelt wie die anderen. Trotz der immer noch vorhandenen Schulterschmerzen macht Peter alles mit und fühlt sich eigentlich ganz gut, auch wenn diese blöden Fusstechniken, die heute auf dem Programm sind, ihm nicht wirklich gelingen wollen. De Ashi Barai! Den richtigen Zeitpunkt zum Werfen zu erwischen ist viel zu schwierig, aus seiner Sicht. Eigentlich klappt der Wurf immer nur dann, wenn sein Partner mithilft. Erstaunlicherweise ist es nachher im Randori ganz anders. Der

Wurf «geschieht» quasi einfach. Ohne zu wollen erwischt Peter zweimal den richtigen Moment und wirft doch tatsächlich Pädi mit der unmöglichen Technik. Bei Leonard gelingt der Wurf ebenfalls, hier aber mit Absicht. Offenbar hat er den Wurf ja doch verstanden! Ein wenig stolz verneigt er sich am Ende des Übungskampfes vor Leonard und stellt sich in die Reihe, denn das Training ist bereits wieder zu Ende und Reto beginnt eine Geschichte zu erzählen: «Die heutige Geschichte stammt wieder aus dem Training von Haruki.

Haruki machte weiter seine Fortschritte im Training und hatte bereits seine ersten Erfahrungen an Einzelturnieren gesammelt. Nun stand erstmals ein Mannschaftsturnier an. Dabei stellte jeder Verein in fünf verschiedenen Gewichtsklassen je einen Kämpfer oder eine Kämpferin. Bei einer Begegnung kämpften alle fünf Teilnehmer gegen Partner der gleichen Gewichtsklasse von einem anderen Verein. Diejenige Mannschaft, die mehr von den fünf Kämpfen gewinnen konnte, entschied die Begegnung für sich. Haruki war in der tiefsten Kategorie eingeteilt und gewann seinen Kampf ohne Probleme mit einem sehr hart durchgezogenen O-Soto-Gari. Alle anderen Mannschaftsmitglieder erlitten aber eine bittere Niederlage. Haruki war wütend. Wieso musste er in einer Mannschaft mit diesen Flaschen mitkämpfen, fragte er seinen Lehrer Hideichi. Hideichi antwortete: ‚Weil du der schwächste Judoka deiner Mannschaft bist und von den anderen lernen kannst.' Haruki wurde rasend vor Wut, er sollte der schlechteste sein? Er, der einzige, der gewonnen hatte? Hideichi schien wohl verrückt geworden zu sein. Dies sagte er ihm zwar nicht auf diese Weise, aber er fragte zurück, ob das sein Ernst sei. Hideichi bestätigte seine Aussage. «Du hattest einen Gegner, der dir weit unterlegen war und hast ihn trotzdem mit voller Wucht geworfen, so dass dieser mit dem Kopf am Boden aufschlug. Deine Mannschaftskollegen hatten sehr herausfordernde Partner und haben dabei versucht das neu Gelernte aus den Trainings anzuwenden. Dieses Mal gelang es ihnen noch nicht, aber sie sind auf gutem Weg. Wohin führt dich aber dein Weg? Entschuldigt hast du dich ja auch nicht für deinen unverhältnismässigen Wurf.»

Auf die Geschichte folgt das «Mokuso», die kurze Meditation, die immer am Anfang und am Ende des Trainings durchgeführt wird. Peter könnte weinen, Reto hat in seiner Geschichte wieder den Nagel auf den Kopf getroffen. Nur weil Peter letzte Woche den Harai Goshi so gut gekonnt hat, ist er überheblich geworden. Vermutlich ist er für Anna kein guter Partner gewesen und sie hat sich alle Mühe gegeben, die Technik korrekt auszuführen. Sie hat mit vollem Einsatz trainiert und er war nur ein halbbatziger Spielgenosse. Sofort nach der Verabschiedung eilt er zu Anna hin. Und diese hat wohl dasselbe vorgehabt. Sie ist die Schnellere: «Es tut mir leid wegen letzter Woche. Papa hat mich wieder einmal indirekt mit seiner Geschichte ermahnt. Ich hatte dich beim Harai Goshi mit purer Kraft zu Boden geworfen, ohne Technik und deshalb das Gleichgewicht verloren. Mein Ego war zu gross, ich wollte einfach werfen und gar nicht die Technik lernen. Ich war eigentlich der grössenwahnsinnige Haruki der Geschichte.» «Nicht dein Ernst!», entgegnet Peter, «Ich dachte, ich bin mit Haruki gemeint. Ich habe mich überschätzt, weil ich den Harai Goshi schon so gut kann und habe schon fast absichtlich versucht, dich schlecht bei dieser Technik aussehen zu lassen. Mir tut es leid, wie ich zu dir war und dass ich dich eine blöde Kuh nannte. Aber jetzt würde es mich interessieren, wen Reto mit der Geschichte ansprechen wollte.» Beide reichen sich die

Hände und laufen gleich zu Reto. «Papa, war die Geschichte für mich oder für Peter bestimmt?», fragt Anna. Reto lächelt: «Die Geschichten sind Begebenheiten, wie sie sich vielleicht einmal zugetragen haben. Wenn ihr das Gefühl habt, dass es auch auf euch zutrifft, seid ihr bereits sehr weise. Viele verstehen nicht, dass die Geschichten immer zu allen passen und jeden zum Nachdenken anregen sollen. Jeder von uns ist mal überheblich, jeder setzt mal kurzfristigen Erfolg vor ein langfristiges Ziel. Wichtig ist, dass wir aber immer wieder auf den richtigen Weg zurückfinden. Wenn die Geschichte euch geholfen hat, freue ich mich besonders darüber.»

Einmal mehr hat Reto Peter zum Nachgrübeln gebracht. Wie kann es sein, dass ein bisschen Sport, was Judo ja eigentlich ist, so viel bewirkt, was gar nichts mit Sport zu tun hat? Im Internet findet Peter einen Titel: «Judo als Lebensweg». Das interessiert ihn, der nachfolgende Artikel beschreibt seinen Sport eigentlich mehr als Lebensschule, denn als Fitnesstraining wie andere Sportarten. Jetzt weiss Peter, dass er mit seiner Meinung nicht alleine steht, man kann also tatsächlich vom Training mehr lernen als bloss die Techniken.

# 7

Im nächsten Training bei Agnes, dem letzten vor den Sommerferien, macht diese eine wichtige Ansage: «Viele von euch trainieren nun bereits eine lange Zeit mit demselben Gurt um den Bauch. Nach den Sommerferien bereiten wir uns auf die nächste Gurtprüfung vor und absolvieren sie noch vor den Herbstferien.»

Während der Sommerferien denkt Peter nicht gross darüber nach, aber bereits im ersten Training nach den Ferien wird er von Reto daran erinnert. «Peter, du weisst, dass dein Weg in Richtung Halbgelb-Gurt nun auf der Zielgeraden ist. Bitte schaue dir im Prüfungsheftchen an, welche Techniken du an der Prüfung präsentieren sollst. Falls es da noch Lücken gibt, schauen wir diese in der nächsten Zeit besonders an. Und falls nicht, trainieren wir die Techniken zumindest in jedem Training einmal, damit du sattelfest bist am Prüfungstag.» Zwei, drei Lücken erkennt Peter und daran arbeitet er mit seinen Trainern und Trainingspartnern.

Der Prüfungstag naht und damit gesellt sich plötzlich ein neues Gefühl bei Peter dazu: Prüfungsangst! Aus der Schule kennt Peter dieses Gefühl gar nicht, aber hier im Judo schon. Techniken vor allen vorzuzeigen, zu zeigen, wie gut er inzwischen geworden ist, ist eine sehr grosse Herausforderung für ihn. In der Nacht vor der Prüfung schläft Peter ganz schlecht. „Was passiert, wenn ich durchfalle? Bleibe ich dann für immer Weissgurt? Werden die anderen lachen?" Das und noch mehr hält Peter vom erholsamen Schlaf ab. Mit Augenringen kommt er am Folgetag auf die Matten. Zu seinem grössten Schreck sind heute auch alle Trainer anwesend, Agnes, Reto und andere, die er nur vom Sehen her kennt und noch welche, die er noch nie gesehen hat. Peter spürt förmlich, wie er bleich wird und schon sind alle Namen und Techniken, die er heute zeigen soll, wie weggeblasen. Die gute Atmosphäre, die eigentlich herrscht und das lockere Aufwärmen bekommt er gar nicht richtig mit. Er ist in seinen Gedanken bereits durchgefallen.

Als er mit seinem Partner Max, der ja kurz nach ihm mit Judo begonnen hat, an die Reihe kommt, steht er da mit leerem Kopf und zittrigen Knien. Max geht es offensichtlich ähnlich. Prüfungsexperten bei ihnen sind Reto und noch ein anderer Trainer, der sich als Andreas vorstellt. Er hat anders als Reto einen schwarzen Gurt um seinen erstaunlich dicken

Bauch. Reto ergreift das Wort: «So ihr zwei; ich weiss bereits sehr gut, was ihr könnt. Ich freue mich darauf, dass ihr das nun auch Andreas zeigen könnt. Bitte legt nun einfach wie im Training los und zeigt alle Techniken, die in eurem Programm stehen.» Abwechselnd zeigen die Buben nun ihr Können, Max beginnt. Erstaunlicherweise kommt den beiden trotz Nervosität fast alles in den Sinn, was sie zeigen sollen. Andreas fragt zwischendurch ein wenig nach und führt sie auf den richtigen Weg, sodass ihnen am Schluss auch noch die letzten Techniken einfallen. Nach kurzer Zeit ist die Prüfung bereits zu Ende. Zum Schluss fragt Andreas noch: «Weiss jemand von Euch wer der Mann auf dem Bild ist, das da drüben hängt?» «Das ist Jigoro Kano.», antwortet Max umgehend. «Er hat das Judo entwickelt», ergänzt Peter rasch, damit er auch etwas gesagt hat. «Genau!», bestätigt Andreas, «Ihm verdanken wir unsere schöne Kampfkunst. Er hat aus der alten Japanischen Selbstverteidigung, die Ju-Jitsu genannt wird, eine moderne Kunst entwickelt, bei der nun erstmals auch Wettkämpfe möglich sind. Reto und mir hat eure Prüfung gefallen und ihr dürft ab jetzt den halbgelben Gurt tragen. Herzliche Gratulation.»

Die beide freuen sich über ihren Erfolg und gratulieren sich gegenseitig zur ersten bestanden Prüfung. Voll motiviert vereinbaren sie gleich, dass sie auch die nächste Prüfung zusammen machen werden.

Am Ende des Prüfungsanlasses beginnt ausnahmsweise nicht Reto, sondern Andreas zu erzählen. «Eine Prüfung ist nur eine Momentaufnahme. Sie zeigt uns nur einen Ausschnitt davon, was ihr könnt, wo ihr auf eurem Weg steht. Eine schlechte Tagesform kann einmal zu einem negativen Ergebnis führen. Heute haben wir das Glück, dass wir allen zu einem höheren Gurt gratulieren dürfen. Denkt daran, Judo ist ein Weg für das ganze Leben. Die Prüfung dient nicht als höheres Ziel, sondern hilft euch, in die richtige Richtung zu trainieren. So, wie es überall im Leben Teilziele gibt, die ihr euch setzen könnt, damit euer Leben in eine gute Richtung weitergeht. Diese Teilziele sind nie der Abschluss, sondern nur als Leitplanken gedacht, damit niemand unterwegs stehen bleibt. Also, bleibt dran und übt weiter!»

Überglücklich hüpft Peter in die Arme seiner Eltern, die stolz auf ihren erfolgreichen Jungen sind und erste Fotos von ihm mit dem neuen Gurt schiessen. Diesen hat sich Peter natürlich sofort umgebunden. Einmal posiert er zusammen mit Max, und dann noch einmal zu dritt zusammen mit den Prüfungsexperten.

Auf dem Heimweg beschäftigt ihn dann die Frage, wie es überhaupt mit diesen Gurten aussieht im Judo. Im Internet findet er heraus, dass man nur von Halbgelb bis Braun die Prüfungen im eigenen Verein machen kann. Die schwarzen Gürtel gibt es an nationalen Prüfungen und vom 7. schwarzen Gurt an kann man diese nur noch verliehen bekommen, wenn man etwas wirklich Herausragendes geleistet hat. Reto ist Braungurt und müsste also einfach mal an eine nationale Prüfung gehen. Warum er dies wohl noch nicht gemacht hat?

# 8

Vor dem nächsten Training erhält Peter gleich die Gelegenheit, bei Reto nachzufragen. «Du Reto, wieso trägst du eigentlich nur einen braunen Gurt, möchtest du nicht auch mal die nächste Prüfung machen?»

Offensichtlich gefällt diese Frage Reto nicht besonders, denn er verzieht das Gesicht und gibt nur knapp die Antwort: «Den braunen Gurt habe ich nun seit 20 Jahren, der gefällt mir.» Ohne eine Reaktion von Peter abzuwarten, geht er davon. Scheinbar hat Peter einen wunden Punkt getroffen. Aber wie kann das sein, dass Reto den Lebensweg mit ständigem Fortschreiten lehrt, aber sein eigener Weg scheint zu Ende zu sein? Peter beschliesst, Reto nicht weiter mit dieser Frage zu belästigen, sondern wendet sich nach dem nächsten Training an Agnes. Was für ein Glück, dass er zwei Trainer hat, an die er sich mit seinen Fragen wenden kann, denkt sich Peter.

«Reto hat seit 20 Jahren den gleichen Gurt um den Bauch, wie kann das sein, wenn ihr doch alle sagt, dass der Weg immer weiter gehen muss?» Agnes scheint diese Frage nicht zum ersten Mal zu hören. Sie antwortet gleich mit einer Gegenfrage: «Wie kommst du darauf, das Retos Weg nicht weiter geht, wenn er schon länger den gleichen Gurt trägt? Vielleicht ist Reto an einer besonders steilen Stelle auf seinem persönlichen Weg und benötigt mehr Kraft, als für vorhergehende Wegstücke. Wenn er die Prüfung erst in weiteren 20 Jahren absolviert, ist er vielleicht trotzdem weitergegangen, einfach ein wenig langsamer, oder hat sich die für ihn nötige Zeit genommen.» Das überzeugt Peter. So weit hat er gar nicht gedacht. «Es ist nun an den Trainern von Reto, ihn trotz des langsameren Fortschritts weiterzubringen, damit er auf dem Weg bleibt. Ich selber bin jetzt seit sechs Jahren 1. Dan und habe mich vor einem Jahr das erste Mal der Prüfung zum zweiten Schwarzgurt gestellt. Leider hat es damals nicht gereicht, ich war noch nicht reif für die Prüfung. Nun bereite ich mich wieder darauf vor, um dieses Mal die Hürde zu schaffen. Retos Weg zum 1. Dan scheint ein wenig lang zu sein. Und auf meinem Weg zum 2. Dan wollte ich scheinbar eine Abkürzung nehmen, die sich aber als Sackgasse herausgestellt hat. Nun wird es sich zeigen, ob ich wieder auf dem korrekten Weg bin. Verstehst du? Alle Wege sind unterschiedlich. Wir Trainer zeigen euch nur eine Richtung und versuchen euch auf den einzelnen Stufen zu unterstützen. Jedes Leben bietet aber andere Herausforderungen.»

Eieiei, da hat Peter wieder einiges zum Nachdenken bekommen. Scheinbar hat er in seiner Fantasie einen viel zu einfachen Weg vor sich liegen sehen, der ihn geradewegs zum schwarzen Gürtel und noch weiter führen würde. Aber der Weg kann ja auch steinig, uneben oder mit falschen Abzweigungen versehen sein. Da kann man nur hoffen, dass man gute Trainer um sich hat, die einen helfen um auf dem Weg zu bleiben.

# 9

Neben den Judotrainings muss Peter natürlich auch noch zur Schule. Am Montag nach der Gurtprüfung hätte man meinen können, Peter trage den neuen Gurt immer noch um den Bauch, so stolz macht er sich als frischgebackener Halbgelb-Träger auf seinen Schulweg. Dieser Weg ist nur sehr kurz, knapp fünf Minuten, vorausgesetzt er trifft nicht noch einen Freund. Dann geht es in der Regel deutlich länger, bis er bei der Schule ankommt. Peter legt ihn aber meist alleine zurück. Seine Spielgefährten trifft er schon ein paar Minuten bevor die Schule beginnt auf dem Pausenplatz, um noch ein, zwei Runden Fangen oder Ähnliches zu spielen. Heute sind bereits einige der Kinder am Spielen, als er dazukommt. Er mischt aber sofort mit: «Spital-Zinggi». Wenn man gefangen wird, muss man sich den Körperteil halten, an dem man vom Fänger berührt worden ist und ist dann der neue Fänger. Unmittelbar nachdem Peter dazu gestossen ist, erwischt es ihn auch bereits am Arm. Er hält sich die Stelle und versucht sofort Pascal zu erwischen, der sich nun den Rücken halten muss. Einige Zeit später ist es wieder an Peter, wieder kann er Pascal erwischen, dieses Mal am Bein, worauf dieser nur noch humpelnd vorwärtskommt.

Das Spiel geht weiter und der Zufall will es, dass Peter auch beim dritten Mal Pascal fangen kann, der nun wütend wird. «Fang doch mal die andern und nicht immer mich!» «Das mache ich nicht mit Absicht. Du bist einfach immer der Langsamste! Lauf doch einfach schneller!», kontert Peter. «Du weisst, dass ich das nicht kann; ich habe Asthma», gibt Pascal wütend zurück. «Ja, dann spiel doch besser Schach, wenn du in den sportlichen Spielen nicht zu gebrauchen bist», erwidert nun Peter. Wegen des Streits geht das Spiel nicht mehr weiter. Die beiden stehen sich direkt gegenüber und werfen sich immer wütender verletzende Worte an den Kopf. Es kommt, wie es kommen muss. Pascal schubst Peter, Peter schubst ebenfalls, nur wesentlich effizienter, so dass Pascal hinfällt. Der lässt sich das nicht gefallen, springt auf und hechtet auf Peter los. Wie aus einem Reflex dreht sich Peter und setzt erfolgreich einen Harai Goshi an, mit dem er Pascal zu Boden wirft. Dieser hat sich während dem Flug zum Glück gleich zusammengerollt, so dass er eher glimpflich auf dem harten Boden landet. Abgesehen von einer Schürfwunde am Ellbogen ist zum Glück nichts passiert. In dem Moment kommt die Lehrerin der beiden, Frau Simeoni dazu. «Ihr hört sofort auf damit!», ruft sie und hilft sogleich mit einer Hand Pascal aufzustehen, während sie sich zwischen die beiden stellt, damit sie nicht weiter aufeinander losgehen können. «Den Ellbogen müssen wir sofort desinfizieren. Das ist ja eine heftige Schürfwunde. Pascal, komm bitte mit mir. Wir drei sprechen uns noch in der Pause!»

Peter ist wieder einmal hochrot geworden im Gesicht. Inzwischen aber nicht mehr aus Wut, sondern vor allem aus Scham, dass er beim Prügeln erwischt wurde. Das gibt sicher noch Ärger, wenn seine Eltern das erfahren... Wer weiss, wie die reagieren werden? Bisher hat er sich noch nie so hinreissen lassen. Er ist eigentlich nicht der Schlägertyp, es hat sich irgendwie einfach so ergeben. Auch die Worte, die er gesagt hat, bereut er bereits.

Das Gespräch mit der Lehrerin ist sehr einseitig, eigentlich dürfen Pascal und Peter nichts dazu sagen. Beide bekommen Strafaufgaben und müssen sich die Hand reichen, zur Entschuldigung und um Frieden zu schliessen. Und am Ende sagt Frau Simeoni noch, dass sie auf jeden Fall die Eltern informieren werde über den Vorfall.

Peter wird es plötzlich ganz kalt und übel. Damit hat er zwar gerechnet, aber irgendwie doch noch gehofft, dass es bei einer Verwarnung ohne Information an die Eltern bleibt. Er malt sich unzählige Versionen aus, wie er heute von den Eltern empfangen wird und hat richtig Angst, nach Hause zu kommen. Der Heimweg dauert dadurch auch vier Mal so lange wie sonst. Als er in die Wohnung kommt, wird er bereits von der Mutter erwartet. Frau Simeoni hat sie angerufen und jetzt ist sie offensichtlich traurig. Genau, traurig, nicht wütend. «Peter, ich hatte eine lange Unterhaltung mit Frau Simeoni, die mich sehr nachdenklich gemacht hat. Ich bin sehr enttäuscht von dir!», beginnt sie das Gespräch. Peter bricht augenblicklich in Tränen aus. Er hätte sicher besser damit umgehen können, wenn die Mama wütend gewesen wäre und ihn angeschrien hätte. Aber dass er sie enttäuscht hat, das bricht ihm fast das Herz. Er fällt ihr sofort in die Arme, erklärt kaum verständlich, wie es dazu gekommen ist und nimmt die ganze Schuld auf sich. Die Mama ist ganz gerührt, dass ihr kleiner Peter keine Ausreden sucht, sondern direkt und ehrlich sein offensichtliches Vergehen gesteht. Sie machen zusammen aus, dass sie gleich gemeinsam bei Pascal vorbeigehen, um sich auch noch auf ehrliche Weise bei ihm zu entschuldigen.

Nachdem das auch erledigt ist, bekommt Peter leider noch einen weiteren Hammerschlag. «Peter, wir müssen deinen Judolehrer darüber informieren, dass du Judo angewendet hast», sagt die Mutter auf dem Rückweg von Pascal. «Was? Nein, nur das nicht! Reto wird furchtbar wütend werden!» Peter bleibt entsetzt stehen und kann die Worte nicht fassen. «Doch, das müssen wir, Reto hat dir die Sachen beigebracht, jetzt muss er auch wissen, was du daraus gemacht hast.» Alles Betteln und Flehen hilft nichts. Mama bleibt stur und Peter freut sich so wenig wie noch nie auf das nächste Training.

Zu diesem Training begleiten ihn Mama und Papa. Während er sich umzieht, weihen sie Reto in den Vorfall ein. Als Peter im weissen Gewand mit dem neuen halbgelben Gurt aus der Umkleidekabine kommt, sieht er einen nachdenklichen Reto vor sich. «Ich habe gehört, dass du mir etwas zu erzählen hast. Ich möchte deine Version der Geschichte hören.» Peter erzählt Reto, wie es sich zugetragen hat, und dass er sich unendlich für den Harai Goshi schämt. Obwohl er den eigentlich perfekt ausgeführt hat. Was er nur denkt, aber nicht sagt. Die Eltern und Reto stehen vor dem kleinen Jungen, der jetzt noch viel kleiner scheint als sonst schon. Noch nie hat er sich einer solchen Schmach stellen müssen. «Nun gut, ich danke dir für deine ehrliche Beichte. Und so, wie deine Eltern erzählen, hast du dich ja bereits bei Pascal entschuldigt und deine Strafarbeit aus der Schule bekommen. Ich muss gestehen, dass ich nicht erfreut bin zu hören, dass einer meiner Schüler, auch wenn es nur ein Versehen war, ohne wahren Grund Judo angewendet hat. Es kann für unseren Verein sehr negative Folgen haben, wenn sich herumspricht, dass wir Schlägertypen ausbilden. Ich hoffe, du bist dir deiner Verantwortung für unseren Verein und das Judo im Allgemeinen bewusst. Bei einem erneuten Anwenden von unseren Techniken müssen wir dir die Teilnahme am Training verbieten und du darfst nicht mehr zu uns kommen! Ist dir das klar?» «Ja Reto, entschuldige bitte vielmals, dass ich dich enttäuscht habe.»

Peter spricht während des ganzen Trainings kein Wort und macht nur mit halber Energie mit. Kurz vor Ende des Trainings nimmt Reto die Kinder nochmal zusammen und sagt: «Ich möchte euch etwas über Peter erzählen.» Peter wird es fast schwarz vor den Augen. „Jetzt will Reto mich hier vor allen blossstellen! Nein, das darf er nicht!" Am liebsten würde er die Flucht ergreifen, aber Reto spricht gleich weiter: «Peter hat einen Fehler gemacht und ich bin stolz darauf, wie er anschliessend reagiert hat.» Ernsthaft? Hat Peter richtig gehört, lobt ihn Reto gerade? «Peter hat auf dem Pausenhof in einer Situation falsch reagiert und Judo angewendet. Zum Glück ist dem anderen Jungen nichts Schlimmeres passiert und wir sind uns einig, dass ihr alle kein Recht habt, einem anderen mit Judo Schmerzen zuzufügen. Judo ist ein Sport fürs Dojo und darf nur im äussersten Notfall angewendet werden. Peter weiss das und wird es nicht wieder tun. Was mich aber stolz auf ihn macht, ist seine Reaktion. Er hat seinen Fehler sofort eingestanden, sich sofort entschuldigt und hat seinen Eltern und mir die Wahrheit gesagt, ohne sich selber herauszureden. Jeder Mensch macht Fehler. Dazu zu stehen, seine Lehren daraus zu ziehen und danach das Richtige zu tun, fällt uns meistens im Anschluss sehr schwer und benötigt eine gehörige Portion Mut. Ich finde gar nicht gut, dass dies passiert ist und es soll uns allen eine Lehre sein. Aber wie Peter mit seinem Fehler umgeht, das ist vorbildlich.»

Peter ist gerührt, sein Trainer, sein guter Freund Reto, ist nicht einfach nur böse auf ihn, sondern vergibt ihm die Tat, weil er danach richtig gehandelt hat. Auch wenn man etwas Dummes gemacht hat, kann man offensichtlich anschliessend noch ganz viel wieder gut machen. Peter sagt kein Wort, aber dieses Training bedeutet ihm sehr viel und er wird sicher noch viele Male daran denken.

# 10

Diesen Sonntag findet das grosse Vereinsfest statt. Wie die anderen Kids freut sich auch Peter schon darauf. Sie alle haben Techniken für eine kleine Demo vor den Eltern eingeübt. Anschliessend soll es dann etwas zu essen und viel Zeit für Spiele geben.

Peter hat seine Grosseltern eingeladen und ist schon ganz nervös, ihnen sein Können zu zeigen. Oma und Opa haben bisher noch keine Ahnung, was der Enkel da so genau macht. Unter Judo können sie sich nichts vorstellen. Der Vergleich mit dem Schwingen hat ihnen zwar ein wenig auf die Sprünge geholfen, aber wieso der schmächtige Peter seine Freude daran hat, ist für sie schwierig nachzuvollziehen. Beim Schwingen sind ja eher die etwas stämmiger Gebauten im Vorteil. Peter scheint nicht dazu zu gehören. Natürlich ist Peter für sein Alter schon eher gross, aber wie ein Schwingerkönig sieht er nun wirklich nicht aus. Auch wenn sie nicht wissen, was Judo ist, freuen sich die beiden natürlich, wenn sie ihren einzigen Enkel bei seiner Lieblingsbeschäftigung in Aktion sehen dürfen.

Alle Judoka, klein und gross, knien in einer Reihe auf den Matten. Die Zuschauer haben auf einer dafür gebauten Tribüne Platz genommen und warten gespannt auf die Darbietung. Die Vorführung beginnt mit einer kurzen Rede vom Vereinspräsidenten. Nach den ersten zwei Worten hört Peter bereits nicht mehr zu. Er geht in Gedanken lieber nochmal sein Programm durch. Er darf mit Anna zusammen ein paar Techniken vorzeigen. Also wie war das nochmal? Zuerst Fallschule in alle Richtungen vorzeigen, danach kommt eine Serie von Würfen, Harai Goshi, Seoi Nage, … Da! Anna steht auf und zieht in an der Hand mit, es geht los! Voller Freude geben beide ihr Bestes. Anna zeigt eine Rolle vorwärts mit Anlauf über ein grosses Hindernis, Peter tut es ihr gleich und springt noch weiter. Riesen Applaus! Peter blickt suchend um sich, bis er seine Grosseltern sieht. Opa filmt und Oma klatscht begeistert, seine Show kommt an. Nun geht es zu den Würfen, einer höher und schöner als der andere. Mit einem Grüssen im Stehen beenden sie ihre Show, danach kommen ein paar grössere Kids dran, die Randori zeigen. Sogleich folgt eine Darbietung von Agnes zusammen mit Andreas, welche sie Kata nennen. Der Präsident erklärt, dass man bei einer Kata genau vorgegebene Techniken mit einem Partner zusammen vorzeigt.

Unglaublich, wie es Agnes schafft, den mindestens doppelt so schweren Andreas durch die Luft zu wirbeln. Ganze dreissig Mal, Peter hat mitgezählt, wirft sie mit linken und rechten Würfen den dicken Trainer auf den Rücken. Den Grossteil der Würfe hat Peter noch nie gesehen und er staunt, welche Tricks das Judo noch zu bieten hat.

Nach der Darbietung eilt Peter rasch zu seinen Grosseltern. Opa tätschelt ihm stolz den Kopf. «Deine Darbietung war die beste, schade ging es nicht länger.» «Danke! Aber habt ihr auch den letzten Teil der Show gesehen? Agnes hat den Mann einfach so durch die Luft geschleudert! Das kann man nur mit Judo!» doziert Peter stolz. Opa lacht. «Das kannst du sicher alles auch einmal, wenn du grösser bist.»

Während die einen Gäste noch miteinander plaudern und andere sich bereits auf den Nachhauseweg machen, dürfen die Kids die Mattenfläche zum Spielen und Austoben nutzen. Peter und Anna machen davon regen Gebrauch und kommen dabei auch immer mehr ins Gespräch. Es stellt sich heraus, dass sie vieles gemeinsam haben, ausser dem Judo, dass sie dieselbe Musik hören, die gleichen Schulfächer nicht mögen und auch die genau gleichen Games spielen. Im

Gespräch stellt sich heraus, dass Anna mit jemandem in die Schule geht, der Karate praktiziert. «Ui, Karate, das ist gefährlich, die können mit einer Hand Holzbretter auseinanderschlagen», meinte Peter. «Quatsch, das ist unmöglich!», entgegnet Anna, «Im Gegensatz zum Judo ist das alles nur Show.» «Das glaube ich nicht! Weisst du was, gehen wir doch mal zusammen zum Training hin und schauen, ob das wirklich gefährlicher als Judo ist.» «Okay, aber ich muss zuerst Papa fragen, ob er einverstanden ist. Paaapaaaa...!» ruft Anna und läuft zu Reto hin. Peter beobachtet von weitem das Gespräch. Ob der Judotrainer das wohl zulässt, dass seine eigene Tochter einen anderen Kampfsport anschauen geht? Reto lächelt und nickt. Sie dürfen also hingehen, cool! Sogleich machen sie miteinander aus, nächste Woche am Mittwoch ihr erstes Karatetraining zu besuchen.

Den Rest des Festes verbringen sie vorwiegend am Kuchenbuffet und natürlich bei weiteren Spielen mit den anderen Kindern. Die Erwachsenen haben sich inzwischen alle hingesetzt, sind am Reden und kümmern sich gar nicht mehr darum, was auf dem Mattenfeld passiert.

Als das Fest sich dem Ende zuneigt, versprechen sich Anna und Peter nochmals, am Mittwoch das Karatetraining zu besuchen und verabschieden sich voneinander. Während Anna noch beim Aufräumen helfen muss, geht Peter mit seinen Eltern nach Hause. Es scheint gewisse Nachteile zu haben, Tochter eines Trainers zu sein. Dafür hat Anna zu allen Trainern einen viel persönlicheren Kontakt als Peter, was ihn ein kleines bisschen neidisch macht.

Zuhause legt sich Peter schon bald ins Bett. Im Kopf lebt er den ganzen Tag nochmals durch. All die spannenden Highlights von der Darbietung, die stolzen Gesichter der Grosseltern, die Gespräche und Spiele danach und, und, und… langsam holt ihn der tiefe Schlaf ein.

# 11

Mittwoch. Anna und Peter machen sich auf den Weg zum Karate-Dojo. Sie haben mit Annas Schulkollegen ausgemacht, dass sie einfach ihr Gi vom Judo mit einem weissen Gurt anziehen, dann dürften sie schon mittrainieren. Das Dojo selbst ist nur drei Blocks weiter als das Judo-Dojo, im Keller eines Geschäftsgebäudes. Ihnen fällt beim Betreten gleich auf, dass das Dojo etwa gleich gross ist wie ihr eigenes, aber anstelle von Matten ist da ein Holzboden und anstelle des Bildes von Jigoro Kano, dem Gründer des Judo, hängt da das Foto eines anderen Mannes. Vermutlich hat der das Karate entwickelt.

Der Trainer kommt erst wenige Sekunden vor Beginn in die Halle. Sofort geht er auf die beiden Neulinge zu. „Ossu, ich bin Marco. Trainiert ihr heute bei uns mit?" „Grüezi. Ja, wenn wir dürfen, würden wir sehr gerne mitmachen", erwidert Anna. Natürlich dürfen sie mitmachen und sogleich geht das Training los. Peter ist in Gedanken immer noch bei der seltsamen Begrüssung von Marco hängengeblieben. „Ossu", was soll denn das bitte heissen?

Das Training beginnt ganz ähnlich wie bei Agnes, nur anschliessend an das Aufwärmen kommen anstelle der Fallschule Schweiss treibende Schlagübungen, die sie in die Luft machen müssen. Und immer, wenn der Trainer etwas sagt, geben alle Schüler im Chor die Antwort «Ossu», wodurch Peter noch weniger versteht, was das eigentlich bedeuten soll.

Bei den Partnerübungen dürfen Peter und Anna nicht zusammen trainieren, sondern müssen mit den Kindern mit den höchsten Gurten arbeiten, damit sie von Beginn an lernen, wie es richtig geht. Das macht Sinn, im Judo machen sie es ja auch so.

Viele verschiedene Techniken, vom richtigen Stehen über Fusstritte und Blocktechniken lernen sie dazu und jede Technik besteht aus so vielen Details, die man richtig machen muss. Der Schweiss fliesst auf jeden Fall mindestens genauso wie im Judo-Training. Und beim Ritual am Ende sind Peter und Anna zufrieden und um eine interessante Erfahrung reicher.

Bretter haben sie noch keine zerschlagen, aber Peter hat schon das Gefühl, dass er das bald könnte, wenn er weiter Karate üben würde. Nur, so richtig Spass hat es ihm eigentlich nicht gemacht. Anna hingegen ist hell begeistert und hat sich für die kommende Woche gleich wieder angemeldet. Karate ist ganz anders als Judo, viel weniger Körperkontakt. Was Peter nicht gefallen hat, ist genau das was Anna gerne mochte. Im Endeffekt ist das Experiment gelungen. Sie haben eine neue Sportart kennengelernt, die interessant ist, und Anna hat dadurch gleich ein neues Hobby gefunden.

In der Umkleidekabine fragt Peter einen der anderen Jungs, was denn nun dieses Ossu bedeutet. Interessanterweise kann ihm weder dieser Junge noch sonst einer eine Antwort darauf geben. Es sei einfach normal, dass das gesagt wird. Viel mehr hat hier wohl noch niemand darüber nachgedacht. Also muss er Marco abfangen, bevor dieser sich davonmacht. «Marco, darf ich dich etwas fragen?», «Natürlich», gibt dieser freundlich zurück. «Was bedeutet dieses Ossu?»

«Schön, dass du fragst, das kennt ihr im Judo weniger, denn es ist ein Stück Kategeschichte mit dem Wort verbunden. Aber kurz gesagt, bedeutet das Wort eigentlich nur ‚geduldig stossen'. Damit möchten wir die Einheit von Körper und Geist ausdrücken. Wir machen unsere Techniken immer mit ganzem Einsatz all unserer Sinne und voller Konzentration, wir bleiben beharrlich dran und geben nie klein bei. All das heisst Ossu[2]. Wir verwenden es zum Gruss, und wenn unser Meister etwas sagt, geben wir Ossu zur Antwort, um ihm zu zeigen, dass wir verstanden haben und mit aller Kraft umsetzen möchten, was er gesagt hat. Junge Japaner kennen die Geschichte des Wortes nicht und meinen, es sei nur eine ungebührliche Floskel.» Das beeindruckte Peter ganz besonders. Die Karateka scheinen sich ja viele Gedanken zu machen.

Vor dem nächsten Judo Training läuft er gleich zu Reto, um ihm vom Karate zu berichten. Natürlich weiss der das meiste schon von Anna, aber er hört dem Bericht von Peter trotzdem interessiert zu. «... und dann sagen sie immer Ossu, um ihre Entschlossenheit auszudrücken! Wieso machen denn wir das nicht?», will Peter wissen. «Das ist eine sehr gute Frage», antwortet Reto, «Ich denke, das liegt am Ursprung unserer Kampfkünste, die zwar eng verwandt sind, aber trotzdem eine andere Geschichte haben. Das Judo kommt von Japan selber, Karate von Okinawa, das ist eine Insel weiter südlich von Japan. Sie

---

[2] Diese Übersetzung lehnt sich an Kanazawa Hirokazu 10. Dan Karate in „Kanazawa - Im Zeichen des Tigers"

gehört zwar zu Japan, aber die Bewohner haben doch eine etwas andere Kultur. Das zeigt sich dann in der Umsetzung der Werte im Training. Obwohl beide Kampfkünste eine ganz ähnliche Auffassung davon haben, dass wir immer mit aller Kraft und vollem Einsatz trainieren, ist dies für den Karateka vermutlich noch mehr im Zentrum, deshalb möchte er dies immer mit dem Ausspruch kundtun.»

Peter ist wieder einmal beeindruckt. Immer, wenn er sich mit einem Gedanken beschäftigt, weiss Reto Rat. Es scheint, als habe er sich mit den gleichen Fragen auch schon auseinandergesetzt.

«Und möchtest du nun auch mit Karate beginnen?», fragt ihn Reto. «Nein, das ist glaube ich nichts für mich.» «Ich hätte kein Problem damit, ich finde es gut, wenn sich Kinder mit verschiedenen Sportarten beschäftigen und so viele Erfahrungen sammeln. Natürlich ist es mir aber am liebsten, wenn sie daneben immer auch dem Judo treu bleiben. Ich denke, dass dir jede Erfahrung die du in anderen Sportarten sammelst, auch im Judo weiterhilft.»

Das folgende Judo Training ist eines der besten, die Peter je erlebt hat. Es kommt ihm vor, als wolle Reto die besondere Schönheit vom Judo hervorheben. Und dies gelingt ihm auch.

Am Ende folgt endlich wieder einmal eine Geschichte. Reto beginnt: «Gerne möchte ich Euch vom Budofest in Japan erzählen.

Haruki und seine Freunde durften auf einem grossen Budofest in Japan ihr Können unter Beweis stellen. Fast genauso, wie ihr es am vergangenen Sonntag durftet. Nur mit dem Unterschied, dass bei diesem Festival Vertreter von verschiedenen Sportarten zusammenkommen und das Beste ihrer Kampfkunst vorzeigen. Am Ende des Anlasses gab es einen speziellen Wettkampf. Dabei zeigten immer zwei Vertreter einer Kampfkunst ihre schönsten Techniken vor und das Publikum stimmte am Ende ab, welches die beste Sportart war. Das Dojo von Haruki wurde dabei zweiter, sie verloren gegen eine wunderschöne Schwertkampf-Demonstration. Haruki war enttäuscht, nur Zweiter geworden zu sein und sagte dies auch laut heraus. Sein Trainer Hideichi wurde daraufhin sehr zornig. «Haruki, beim Wettkampf geht es nie um Sieg oder Niederlage. Es geht immer darum, sein Bestes zu geben und über sich selber hinauszuwachsen. Das haben wir heute nicht erreicht. Das Fest erinnert uns daran, dass alle Kampfkünste den gleichen Ursprung haben. Der Wettkampf hat den Zweck, dass wir uns darauf vorbereiten und versuchen, uns gegenüber dem letzten Jahr zu verbessern. Der Sieger spielt eigentlich keine Rolle. Es gibt also keinen Grund, laut auszurufen, Haruki.»

«Wisst ihr, Kinder», sprach Reto weiter, «ursprünglich haben alle Kampfkünste das gleiche Ziel: Verteidigung im Kampf. Und später kam ein besonderes Augenmerk auf die Entwicklung des Charakters dazu. Jede Kampfkunst-Schule hatte ihre Stärken, die sie besonders trainierten und die sie einzigartig machte. Erst später wurde es ein Ziel jeder Schule, sich so stark wie möglich zu verbreiten. So wurden Judo, Karate, Aikido und so weiter weltberühmt. Aber eigentlich sind alles nur verschiedene Schulsysteme mit dem gleichen Ziel.»

Das gibt Peter wieder viel zum Nachdenken. Zum einen das Training selber, welches ihm seine Lieblingssportart noch viel interessanter gemacht hat. Zum anderen die neue Erkenntnis zum Karate und all den anderen Kampfkünsten.

# 12

Anna und Peter lieben es inzwischen, zusammen ins Training zu gehen und treffen sich auch ausserhalb des Dojos immer öfters. Es ist in der letzten Zeit eine richtig tolle Freundschaft zwischen den Beiden entstanden. Neben ihren vielen gemeinsamen Hobbys geht es in ihren Gesprächen natürlich oft ums Judo, um ihre Trainingsgruppen, die Trainer und die Wettkämpfe. Anna hat nämlich bald ihren ersten Wettkampf vor sich und ist total nervös. Eigentlich möchte sie nicht unbedingt an den Kampf gehen, aber Reto findet es an der Zeit herauszufinden, ob es ihr Spass macht zu kämpfen. Und wie er meint, findet man nur wirklich heraus, was einem Spass macht, indem man es ausprobiert.

«Weisst du was, ich komme mit und unterstütze dich», schlägt Peter vor, der eigentlich vor allem auch mal sehen möchte, wie so ein Judowettkampf abläuft. «Danke! Aber ich bin sicher, dass Papa dich auch gleich zum Mitmachen überredet, wenn du dann schon da bist.» «Hmmm, ja dann mach ich dann halt auch mit», meint Peter, ohne viel zu überlegen. Im Nachhinein bereut er das dann aber schon ein bisschen. Anna hingegen ist glücklich. Sie bekommt Unterstützung und muss nicht alleine mit ihrem Vater an das Turnier.

Sonntag. Die beiden machen sich auf zum Turnier. Das findet in einer Turnhalle in der Nachbargemeinde statt und sie erreichen es in 20 Minuten zu Fuss. Reto ist bereits früher hingegangen und hat geholfen, die Matten zu legen. Anna und Peter spazieren gemeinsam hin und überlegen sich eine Strategie, mit welchen Techniken sie heute gewinnen wollen. In der Halle angekommen, ziehen sie sich rasch um. «Guten Morgen ihr beiden, ihr dürft gleich auf die Waage stehen», sagt Reto zur Begrüssung. Nach dem Wiegen werden beide in Gewichtsklassen eingeteilt. Peter ist inzwischen ein paar Kilo schwerer als Anna. In ihrem Alter kämpfen die Mädchen und Jungen noch gemischt. Aber da Anna und Peter nicht gleich schwer sind, kämpfen sie in unterschiedlichen Gewichtsklassen.

Jetzt müssen sie sich erst mal zusammen aufwärmen. Anders als im Training müssen sie das hier selbständig machen. Reto steht nur am Mattenrand und beobachtet, ob sie das auch richtig machen. Anna übernimmt als die Erfahrenere die Führung und sagt, welche

Übungen sie machen sollen um warm zu werden. Am Schluss machen sie ein Randori um so richtig kampfbereit zu werden und dann wird schon Anna zu ihrem ersten Kampf aufgerufen.

Die Kämpferin, die als erste aufgerufen wird, trägt zusätzlich einen weissen Gurt, wird ihr gesagt. Die andere nimmt zusätzlich einen roten Gurt, damit der Kampfrichter die beiden unterscheiden kann und der richtigen Athletin die Punkte zuweisen kann.

Die Punkte interessieren Anna nicht. Sie will die ganze Sache möglichst rasch hinter sich bringen. Grüssen, Eröffnungsschritt, Griff fassen und sofort Seoi Nage werfen, das ist die Strategie, die sie auf dem Hinweg besprochen haben. Wer da vor ihr steht, hat Anna gar nicht mitbekommen. So konzentriert wie sie ist, läuft alles ganz automatisch. Und tatsächlich! Die Gegnerin fliegt durch den rasch angesetzten Seoi Nage durch die Luft. Aber da sie nur auf der Seite landet, gibt es einen halben Punkt: «Wazaari». Wie sie es im Training gelernt haben, nimmt Anna sie gleich in einen Festhalter und gewinnt den Kampf mit einem zweiten Wazaari. «Wazaari Awasete Ippon!», ruft der Kampfrichter. Zwei halbe Punkte geben einen ganzen, heisst das. Vorzeitiger Sieg für Anna, die sich voller Stolz verneigt und die Matte verlässt. «Gratuliere, Anna! Tolle Idee, gleich anzugreifen», meint Reto zufrieden. «Die Idee stammt von Peter!» bemerkt Anna, stolz darüber, dass Papa ihre Strategie für gut befunden hat.

Bereits wird sie zum zweiten Mal aufgerufen. Dieses Mal ist sie schon deutlich weniger nervös. Bis sie feststellt, dass ihr Gegenüber ein Junge steht. Gegen einen Jungen kann ein Mädchen keine Chance haben, denkt sie bei sich. Und kaum hat der Kampf begonnen, liegt Anna auch schon am Boden. Richtig geworfen wurde sie nicht. «Kumi Kata» also der normale Griff an Revers und Ärmel mit ein bisschen Ziehen hat gereicht, dass Anna über ihre eigenen Füsse fällt. Enttäuscht verlässt sie die Matten. Reto lächelt ihr zu und tätschelt aufmuntert auf die Schultern. «Was ging dir denn dieses Mal durch den Kopf? Wolltest du eine andere Strategie ausprobieren?», will Reto wissen. «Nein, das hätte nichts genutzt gegen einen Jungen.» «So ein Blödsinn!», ruft Peter dazwischen. «Du bist viel besser als die meisten Jungs, die ich kenne.» «Da gebe ich Peter recht. Egal wer dein Gegenüber ist, bleib bei deiner Strategie, oder versuch ruhig auch etwas Neues, aber gehe nie davon aus, dass du keine Chance hast. Vergiss diesen Kampf und im nächsten bist du wieder ganz konzentriert.»

Gesagt, getan. Im nächsten Kampf steht Anna wieder einem Knaben gegenüber. Dessen kampflustiges Aussehen ignoriert sie und geht sofort kräftig auf ihn los. Sie bewegt ihn und nach ein paar Mal ziehen fällt der auf so eine ähnliche Technik wie Seoi Nage. Wieder auf die Seite, wieder Wazaari, wie im ersten Kampf. «Du schaffst das! Super, Anna!» jubelt ihr Peter von aussen zu. Anna blickt stolz zu Peter hinüber. Dadurch hat ihr Partner kein Problem, sich zu befreien und sie in einen Festhalter zu nehmen und den Kampf für sich zu entscheiden. «Mist», denkt Anna.

«Super, Anna, du hast gezeigt, dass dich alle Jungs zu fürchten brauchen!», sagt Reto in einem stolzen Tonfall. «Dass du dann unkonzentriert warst, an dem arbeiten wir in Zukunft. Ich bin aber sehr zufrieden mit dir.» Anna ist trotz der beiden Niederlagen sehr zufrieden. Zum Einen, dass der erste Wettkampf für sie vorüber ist, zum anderen, weil sie scheinbar gut gekämpft hat.

Bei Peter geht der Wettkampf sehr rasch vorbei, weder im ersten noch im zweiten Kampf kann er seine Techniken durchsetzen. Das stört ihn aber nicht weiter, er verlässt die

Matten trotzdem glücklich. Schliesslich ist er ja nur hier wegen Anna.

«Wolltest du überhaupt gewinnen?», fragt ihn nun Reto. «Weiss nicht», antwortet Peter kleinlaut. Reto hat ihn wohl durchschaut. «Ich glaube, ich war vor allem hier, um Anna beizustehen», ergänzt er. «Das hast du gut gemacht. Für Anna war es deutlich einfacher, hierher zu kommen, weil du dabei warst. Aber im Moment, in dem du am Kämpfen bist, solltest du alles geben. Dann kannst du ebenfalls viele eigene gute Erfahrungen sammeln.»

Das leuchtet Peter ein und für ein nächstes Mal nimmt er sich vor, selber mehr aus seinen Kämpfen herauszuholen. Aber für heute ist er eigentlich ganz zufrieden.

# 13

Anna und Peter sind inzwischen dicke Freunde geworden und haben sich versprochen, immer zusammen Judo zu machen. Vor allem auch die Erfahrung am Wettkampf war für Anna entscheidend. Sie hat gemerkt, dass sie sich auf Peter verlassen kann und er sie unterstützt, wo immer es nötig ist.

Die vielen neuen Erfahrungen, die Peter durch sein Hobby hat machen können, haben sein Leben deutlich verändert. Sein Leben ist um viele Freunde reicher geworden und er hat bemerkt, dass alles, was er macht und denkt, Konsequenzen hat. Ob es in einem Streit mit einem Klassenkameraden ist oder wenn er einen Wettkampf bestreitet. Das Judo hat ihm viele Denkanstösse gegeben und er ist sicher, dass es noch einige Geheimnisse zu entdecken gibt.

Seine Vorfreude auf das nächste Training ist jedes Mal riesig.

# Budo Werte

Im Text wird in willkürlicher Reihenfolge auf die sieben Tugenden der Samurai eingegangen. Sie wurden erst spät im Buch Bushido von Inazo Nitobe aufgeschrieben, haben aber bereits Jahrhunderte vorher das Leben der Samurai beeinflusst und gelten als wichtige Grundhaltung zum Kampfkunst-Training.

Der Ehrenkodex umfasst die folgenden Punkte:

| Japanisch | Deutsch |
|---|---|
| Gi 義 | Aufrichtigkeit |
| Yu 勇 | Mut |
| Jin 仁 | Menschlichkeit |
| Rei 礼 | Höflichkeit |
| Makoto 誠 | Ehrlichkeit |
| Meiyo 名誉 | Ehrbewusstsein |
| Chūgi 忠義 | Treue |

Vielleicht findest Du heraus in welchem der Kapitel welche Tugend verpackt ist. Manchmal geht es auch um mehr als eine der Tugenden.

# Kleines Wörterbuch

| Japanisch | Deutsche Übersetzung |
|---|---|
| Aikido | *Der Weg der Harmonie mit den Energien* <br> Ist eine jüngere Kampfkunst, die ein eher defensives Verhalten lehrt und besonders das Ausweichen und den Umgang mit der Energie des Gegners hervorhebt. Es werden vorwiegend Würfe, Hebel- und Kontrolltechniken gelehrt. Im Aikido gibt es keinen Wettkampf. |
| De Ashi Barai | *Den vorkommenden Fuss wegwischen* <br> Der Partner geht vorwärts und knapp bevor er den Fuss abstellen kann, wird dieser von aussen nach innen weggewischt. |
| Gi | *Trainingsanzug* <br> Auch Judogi genannt, ist der traditionelle Trainingsanzug, der zum Training getragen wird. Grundsätzlich ist er weiss. Für Wettkämpfe müssen manchmal auch blaue Anzüge getragen werden. Dann trägt einer Weiss und der Gegner Blau. Im Training einen blauen Anzug zu tragen ist vor allem in Japan sehr verpönt. |

| | |
|---|---|
| Hajime | *Startet!* <br> Der Trainer oder Kampfrichter gibt damit die Anweisung anzufangen. Die Judoka trainieren oder kämpfen nach dieser Anweisung konzentriert miteinander. |
| Harai Goshi | *Hüfte wegwischen* <br> Harai ist dasselbe Wort wie Barai. Weil es hier am Anfang steht, wird das B als H ausgesprochen. |
| Ippon | *Ein Punkt* <br> Diese Wertung führt zum vorzeitigen Sieg im Wettkampf. Wenn der Gegner kontrolliert auf den Rücken geworfen werden kann oder ein Festhalter 20 Sekunden gehalten wird, erhält man diese Wertung. Ebenfalls bekommt man Ippon, wenn man zwei Wazaari erreicht hat. |
| Jita-Kyoei | *Gemeinsames Gedeihen* <br> Leitsatz, welcher für das Judo und gleichermassen für das ganze Leben gelten soll. Im Training, in der Schule, im Arbeitsalltag sollst Du immer so handeln, dass alle möglichst grosse Fortschritte machen können. |

| Judo | *Der Sanfte Weg* |
|---|---|
| | Das Wort sanft bedeutet hier, dass die Kraft des Partners zu eigenen Gunsten ausgenutzt wird möglichst ohne selber viel Kraft zu investieren. Das Wort Weg ist vieldeutig. Vor allem meint es, dass es sich bei dieser Kampfkunst um eine Schule für das ganze Leben handelt. |
| Judoka | *Judo Mensch* |
| | Heute wird umgangssprachlich jeder Judotreibende Judoka genannt. Traditionell wird man aber erst ab dem 4. Dan zum Judoka, davor ist man lediglich jemand der Judo macht und noch keiner, der Judo in sein Leben gänzlich integriert hat. |
| Kano Jigoro | *Gründer vom Judo* |
| | Kano Jigoro war ein Kampfkünstler, der aus alten Selbstverteidigungskünsten das Judo entwickelte, welches es erstmals ermöglichte, dass mit den alten Kriegstechniken ein sportlicher Wettkampf durchführbar war. Gleichzeitig legte er grossen Wert auf die erzieherischen Aspekte, weshalb er die Gürtelfarben, seine beiden Leitsätze *Jita Kyoei* und *Seiryoku Zenyo,* sowie verschiedene Verhaltensregeln einführte. |

| | |
|---|---|
| Karate | *Leere Hand* <br> Traditionelle Kampfkunst aus Okinawa, die sich vor allem auf Schläge und Tritte spezialisiert hat. So wie im Judo ausserhalb des Randori auch Schläge vorkommen (siehe Kata), gibt es im Karate ausserhalb des Wettkampfs auch Würfe. Die beiden Künste sind sich ähnlich, haben aber einen anderen Schwerpunkt. |
| Kata | *Form* <br> Anders als im Randori ist in dieser Trainingsform vorgegeben, wer was zu tun hat. Immer wenn nach Vorgaben trainiert wird, nennt man das Kata. |
| Katame Waza | *Kontrolltechniken* <br> Vom Kodokan wurden 32 Kontrolltechniken mit einem Namen versehen. Es gibt aber unzählige Varianten dieser Techniken. |
| Kodokan | *Halle zum Lehren des Weges* <br> Das ist der Name der ältesten Judo-Schule. Sie wurde 1882 eröffnet und ist heute noch für die Einteilung der Techniken und die Bewahrung des Wissens über das Judo verantwortlich. |

| | |
|---|---|
| Kumi Kata | *Griff fassen*<br>Immer wenn man sich im Judo hält, ist das Kumi Kata. Es gibt eine traditionelle Variante, bei der eine Hand am Revers greift und die andere am Ärmel. |
| Matte | *Warten!*<br>Ist das Kommando im Training um die Übung zu unterbrechen und zuzuhören. Im Wettkampf gehen die Kämpfer an ihren Platz zurück und ordnen, wenn nötig, ihr Gi. |
| Mokuso | *Schweigen der Gedanken*<br>Kurze Meditation am Anfang und Ende jeden Trainings, mit dem Ziel, seine Gedanken abzulegen und einen Moment ruhig zu werden, damit der Kopf frei ist für das Training, respektive am Ende, um wieder in den Alltag zurückzukommen. |
| Nage Waza | *Wurftechniken*<br>Im Judo gibt es unzählige Wurftechniken und Variationen. Der Kodokan hat den fürs Judo wichtigsten 68 Techniken einen Namen gegeben. |
| O Soto Gari | *Grosses äusseres Wegsicheln*<br>Oft einer der ersten Würfe, die im Judo gelernt werden. |

| | |
|---|---|
| Ossu | *Ausdauernd stossen* |
| | Ausspruch, der vor allem im Karate (aber auch BJJ) gebraucht wird. Die Schüler bestätigen damit, verstanden zu haben was der Lehrer gesagt hat. Das Wort wird auch zur Begrüssung verwendet. Viele Japaner empfinden das Wort heute als unpassend, da es vor allem von der Unterschicht gebraucht wird. |
| Randori | *Das Chaos fassen* |
| | Ein Übungskampf wird Randori genannt. Das Chaos, also die Unordnung meint hier, dass es keine Vorgabe gibt, wer von beiden an der Reihe ist. Ziel ist es, aus dem Chaos heraus den richtigen Moment zu erwischen um seine Technik anwenden zu können. Das Gegenteil der Randori-Trainingsform ist die Kata. |
| Rei | *Begrüssung (auch allg. Höflichkeit)* |
| | Es handelt sich um das Kommando, sich zu begrüssen oder zu verabschieden indem man sich verneigt. |
| | Die Verneigung selbst ist ein Ausdruck des Respekts vor dem Partner und ein Versprechen sich fair zu verhalten. |

| | |
|---|---|
| Seoi Nage | *Auf dem Rücken tragen und werfen*<br>Dieser Wurf wird oft auch mit «Schulterwurf» übersetzt, das Gewicht des Partners sollte aber auf dem Rücken und nicht auf der Schulter sein. |
| Seiryoku Zenyo | *Optimale Ausnutzung der Energie*<br>Zweiter Leitsatz des Judogründers Jigoro Kano. Im Training und Wettkampf wende ich die Techniken so an, dass ich die Kraft meines Gegners und auch meine Kraft bestmöglich nutzen kann. Auch dieser Leitsatz gilt für das ganze Leben, nicht nur im Dojo. |
| Tatami | *Matten*<br>Traditionell werden die Judomatten aus Reisstroh gefertigt, diese sind dann ziemlich hart und ungeübte schürfen sich darauf rasch die Füsse auf. In den meisten Ländern der Welt werden Matten aus Kunststoff mit einem Vinylüberzug verwendet. |
| Tori | *Fassen, packen*<br>Tori ist derjenige, der die Aktion ausführt. Bei einem Wurf, wie z.B. Harai Goshi ist Tori der, der den anderen wirft, bei den Festhaltern derjenige, der oben liegt. |

| | |
|---|---|
| Uke | *Erleidender* <br> Uke ist derjenige, der geworfen wird oder in einem Festhalter unten ist. Uke hat den Auftrag, eine Situation herzustellen, in der Tori optimal die Technik üben kann. |
| Wazaari | *Halber Punkt* <br> Diese Wertung wird im Kampf vergeben, wenn man den Partner kontrolliert auf die Seite werfen kann oder wenn man ihn 10 Sekunden in einem Haltegriff hält. Hat ein Kämpfer zwei Wazaari, bekommt er dafür die Wertung Ippon (Wazaari Awasete Ippon) und gewinnt den Kampf vorzeitig. |
| Yame | *Halt!* <br> Die aktuelle Handlung wird beendet. Wenn das Kommando während einer Übung kommt, geht man sofort in die Position, in der man sich vor dem Partner verneigen kann und bringt sein Gi in Ordnung. |